Impressum
Verlag: BABADADA GmbH, Nedderfeld 112 , 22529 Hamburg
Geschäftsführer / Verlagsleitung: Harald Hof
Druck: Books on Demand GmbH, In de Tarpen 42, 22848 Norderstedt

Imprint
Publisher: BABADADA GmbH, Nedderfeld 112 , 22529 Hamburg, Germany
Managing Director / Publishing direction: Harald Hof
Print: Books on Demand GmbH, In de Tarpen 42, 22848 Norderstedt

школа

school

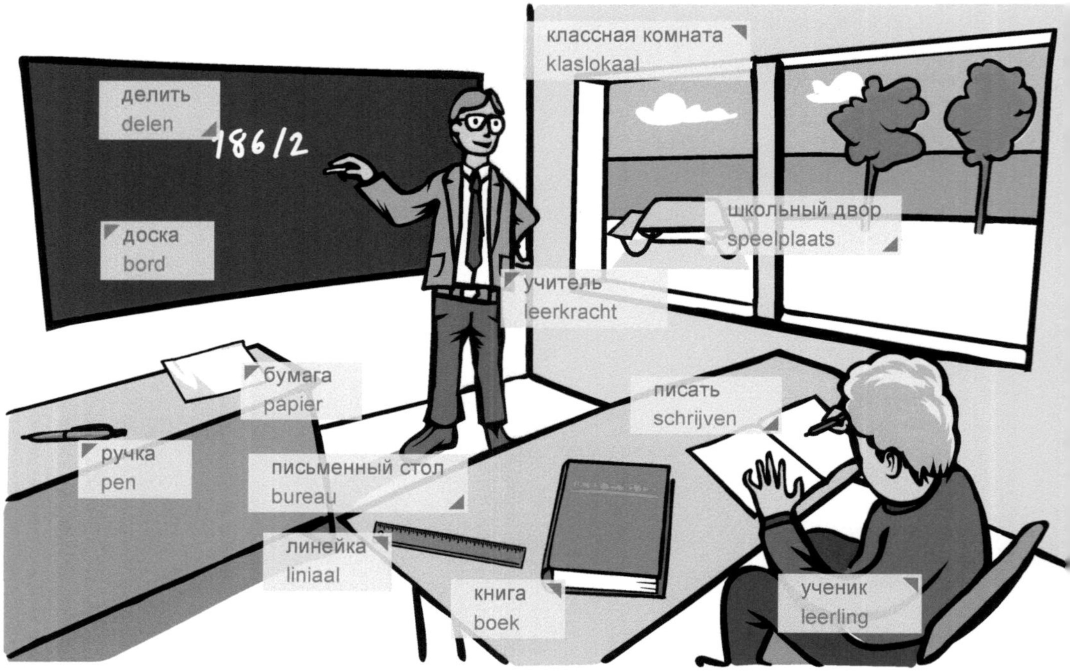

классная комната
klaslokaal
делить
delen
186/2
доска
bord
школьный двор
speelplaats
учитель
leerkracht
бумага
papier
писать
schrijven
ручка
pen
письменный стол
bureau
линейка
liniaal
книга
boek
ученик
leerling

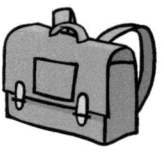

ранец

schooltas

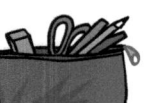

пенал

pennenzak

карандаш

potlood

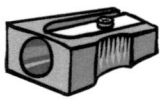

точилка

puntenslijper

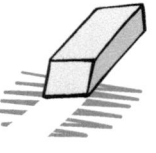

ластик

gom

альбом для рисования

tekenblok

рисунок

tekening

кисточка

verfborstel

коробка красок

verfdoos

ножницы

schaar

клей

lijm

тетрадь

werkboek

домашняя работа

huiswerk

цифра

nummer

прибавлять

optellen

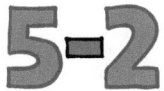

вычитать

aftrekken

умножать

vermenigvuldigen

считать

rekenen

буква

letter

алфавит

alfabet

слово

woord

текст

tekst

читать

Lezen

мел

krijt

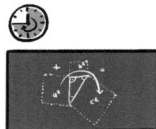

урок

les

классный журнал

klassenboek

экзамен

examen

диплом

certificaat

школьная форма

schooluniform

образование

onderwijs

энциклопедия

encyclopedie

университет

universiteit

микроскоп

microscoop

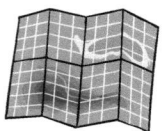

карта

kaart

корзина для бумаг

papiermand

путешествие

reis

гостиница
hotel
Grand
турбаза
jeugdherberg
ROOMS
пункт обмена валюты
wisselkantoor
EXCHANGE
чемодан
koffer
автомобиль
auto

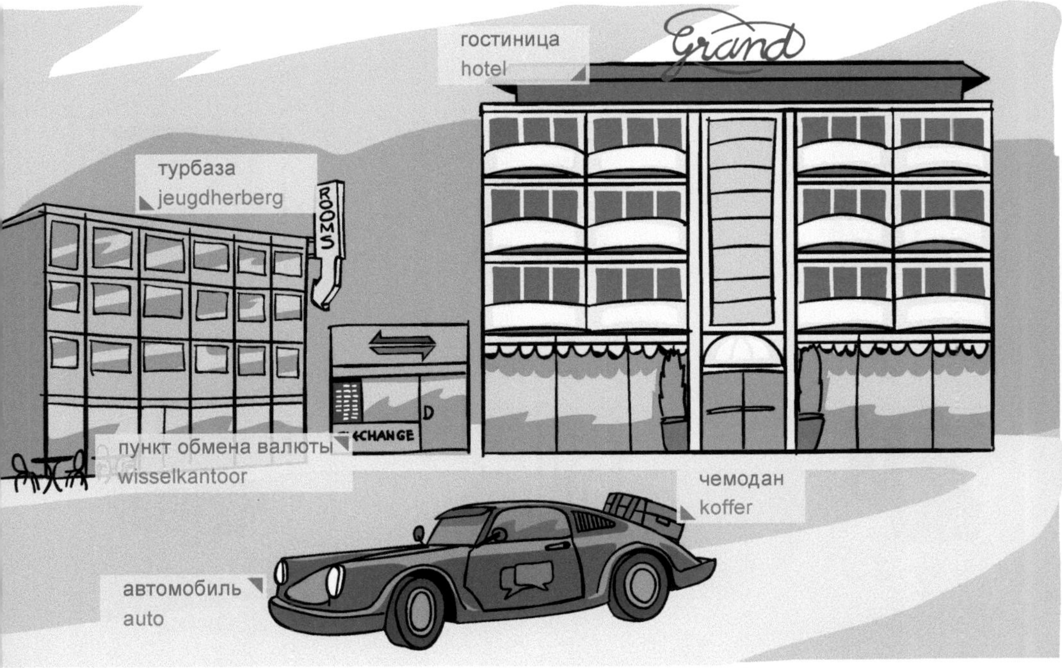

язык

Taal

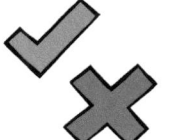

да / нет

ja / nee

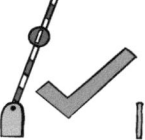

хорошо

oké

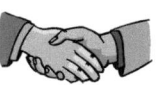

Привет

hallo

переводчик

vertaler

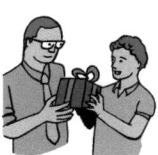

Спасибо

bedankt

Сколько стоит…?

Hoeveel kost …?

Я не понимаю

Ik begrijp het niet

проблема

probleem

Добрый вечер!

Goedenavond!

Доброе утро!

Goedemorgen!

Доброй ночи!

Goedenavond!

До свидания

Tot ziens

направление

richting

багаж

bagage

сумка

zak

рюкзак

rugzak

гость

gast

комната

kamer

спальный мешок

slaapzak

палатка

tent

туристическая информация
toeristeninformatie

пляж
strand

кредитная карточка
kredietkaart

завтрак
ontbijt

обед
lunch

ужин
avondeten

билет
ticket

лифт
lift

почтовая марка
postzegel

граница
grens

таможня
douane

посольство
ambassade

виза
visum

паспорт
paspoort

транспорт
transport

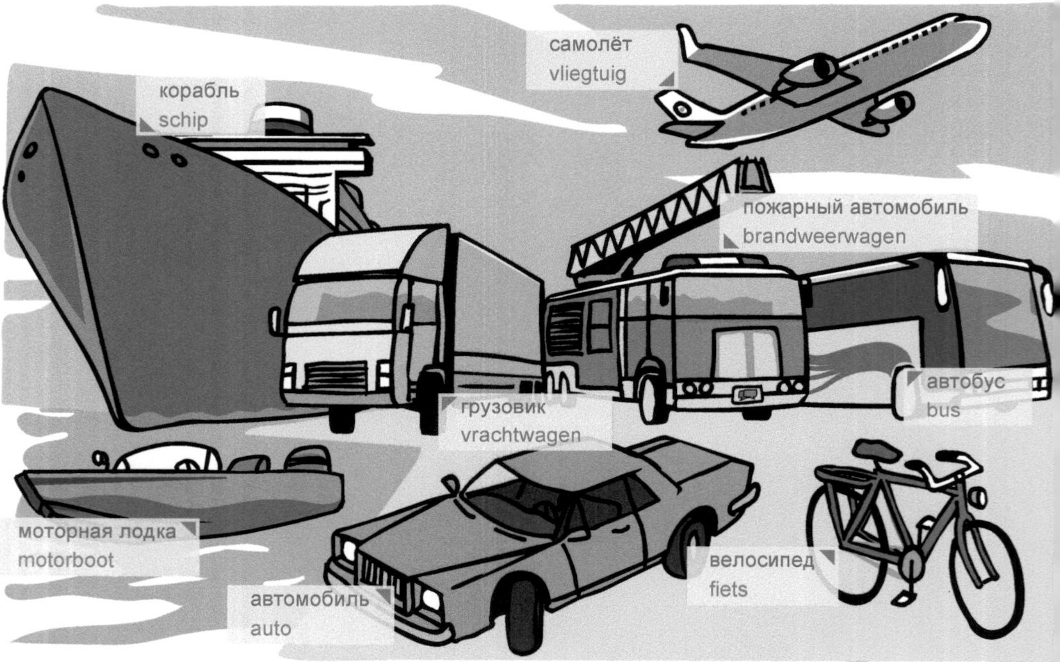
самолёт
vliegtuig
корабль
schip
пожарный автомобиль
brandweerwagen
автобус
bus
грузовик
vrachtwagen
моторная лодка
motorboot
велосипед
fiets
автомобиль
auto

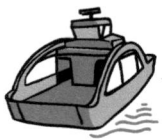

паром

veerboot

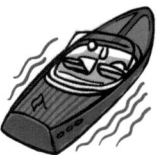

лодка

boot

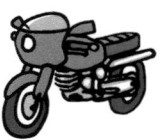

мотоцикл

motor

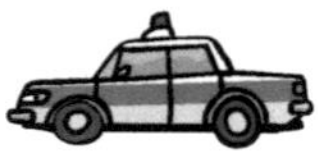

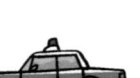

полицейский автомобиль

politiewagen

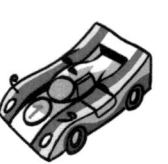

гоночный автомобиль

racewagen

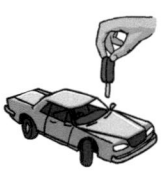

арендованный автомобиль

huurauto

совместное пользование
автомобилями
carpoolen

буксировочный
автомобиль
sleepwagen

мусоровоз
vuilniswagen

двигатель
motor

топливо
benzine

заправка
benzinestation

дорожный знак
verkeersbord

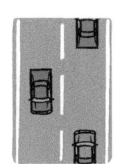

движение
verkeer

пробка
file

автостоянка
parkeerplaats

вокзал
station

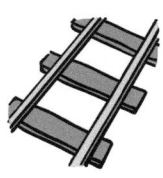

рельсы
sporen

поезд
trein

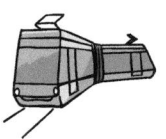

трамвай
tram

вагон
wagon

вертолёт

helikopter

аэропорт

luchthaven

вышка

toren

пассажир

passagier

контейнер

container

коробка

karton

тележка

kar

корзина

mand

взлетать / приземляться

opstijgen / landen

город

stad

деревня

dorp

центр города

stadscentrum

дом

huis

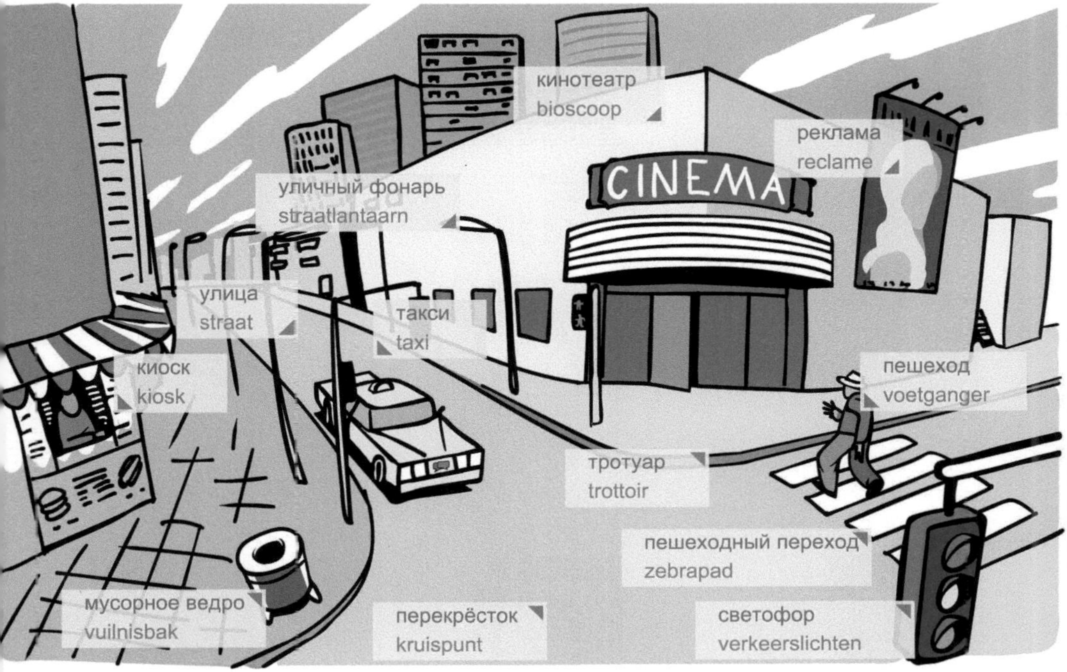

кинотеатр
bioscoop

реклама
reclame

уличный фонарь
straatlantaarn

CINEMA

улица
straat

такси
taxi

киоск
kiosk

пешеход
voetganger

тротуар
trottoir

пешеходный переход
zebrapad

мусорное ведро
vuilnisbak

перекрёсток
kruispunt

светофор
verkeerslichten

хижина

hut

квартира

woning

вокзал

station

ратуша

stadshuis

музей

museum

школа

school

университет

universiteit

банк

bank

больница

ziekenhuis

гостиница

hotel

аптека

apotheek

офис

kantoor

книжный магазин

boekwinkel

магазин

winkel

цветочный магазин

bloemenwinkel

супермаркет

supermarkt

рынок

markt

универмаг

warenhuis

торговец рыбой

vishandelaar

торговый центр

winkelcentrum

порт

haven

парк
park

скамейка
bank

мост
brug

лестница
trap

метро
metro

тоннель
tunnel

автобусная остановка
bushalte

бар
bar

ресторан
restaurant

почтовый ящик
brievenbus

табличка с названием
улицы
straatnaambord

паркометр
parkeermeter

зоопарк
zoo

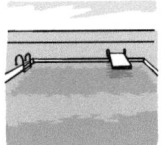

бассейн
zwembad

мечеть
moskee

ферма

boerderij

загрязнение окружающей среды

milieuverontreiniging

кладбище

kerkhof

церковь

kerk

детская площадка

speelplaats

храм

tempel

ландшафт

landschap

лист
blad

дорожный указатель
wegwijzer

дорога
weg

луг
weide

камень
steen

дерево
boom

путешественник
wandelaar

река
rivier

трава
gras

цветок
bloem

долина

vallei

гора

heuvel

озеро

meer

лес

bos

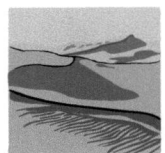

пустыня

woestijn

вулкан

vulkaan

замок

kasteel

радуга

regenboog

гриб

paddenstoel

пальма

palmboom

комар

mug

муха

vlieg

муравей

mier

пчела

bijl

паук

spin

жук

kever

лягушка

kikker

белка

eekhoorn

еж

egel

заяц

haas

сова

uil

птица

vogel

лебедь

zwaan

кабан

wild zwijn

олень

hert

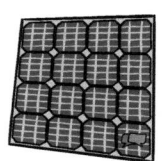

лось

eland

плотина

dam

ветряной генератор

windturbine

солнечная батарея

zonnepaneel

климат

klimaat

ресторан
restaurant

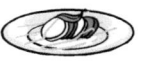

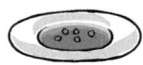

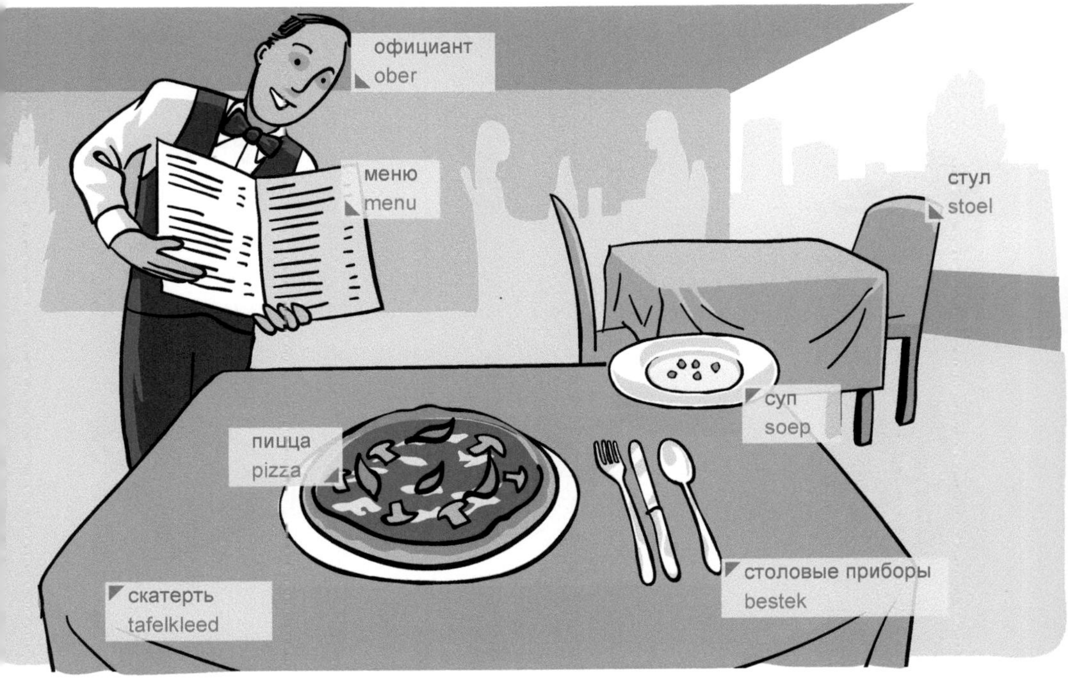
официант
ober
меню
menu
стул
stoel
суп
soep
пицца
pizza
столовые приборы
bestek
скатерть
tafelkleed

закуска

voorgerecht

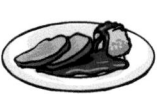

главное блюдо

hoofdgerecht

десерт

nagerecht

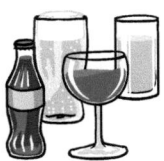

напитки

drankjes

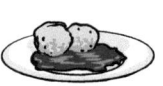

еда

eten

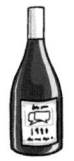

бутылка

fles

фастфуд

fastfood

уличная еда

street food

чайник

theepot

сахарница

suikerpot

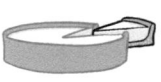

порция

portie

кофеварка

espressomachine

детский стульчик

kinderstoel

счет

rekening

поднос

dienblad

нож

mes

вилка

vork

ложка

lepel

чайная ложка

theelepel

салфетка

serviette

стакан

glas

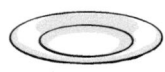

тарелка

bord

суповая тарелка

soepbord

блюдце

schoteltje

соус

saus

солонка

zoutvatje

мельница для перца

pepermolen

уксус

azijn

масло

olie

специи

kruiden

кетчуп

ketchup

горчица

mosterd

майонез

mayonaise

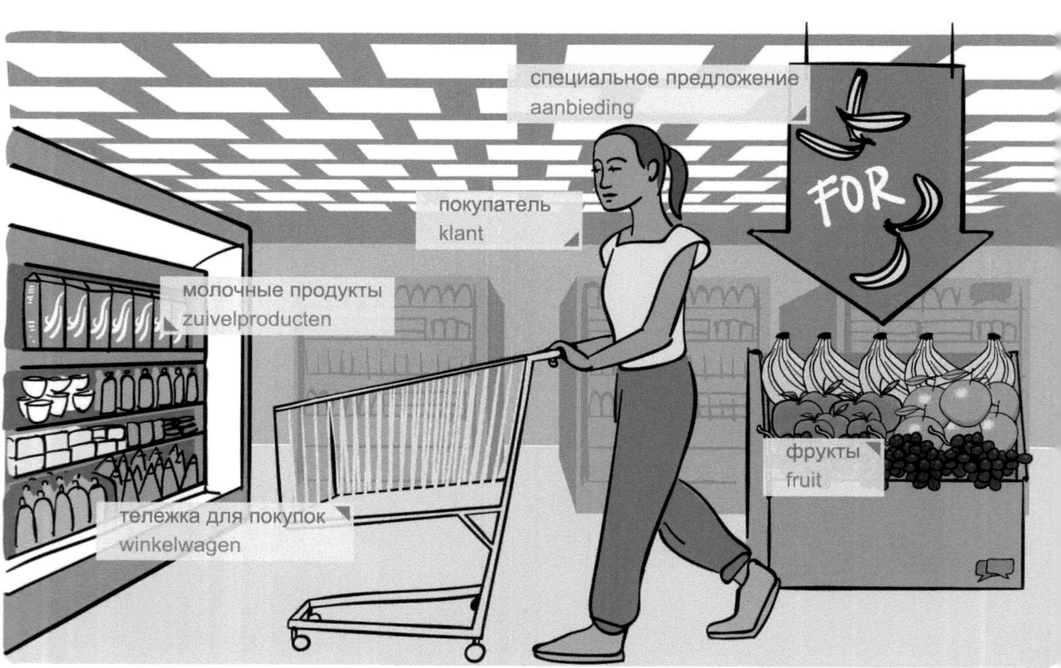

специальное предложение
aanbieding
FOR
покупатель
klant
молочные продукты
zuivelproducten
фрукты
fruit
тележка для покупок
winkelwagen

BUTCHERS

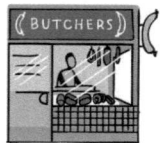

мясной магазин

slagerij

BAKERY

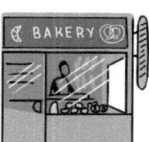

пекарня

bakkerij

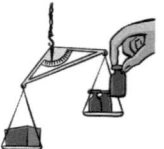

взвешивать

wegen

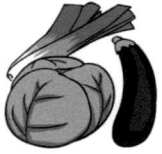

овощи

groenten

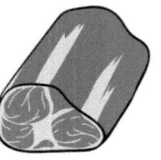

мясо

vlees

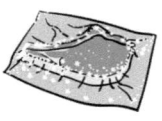

быстрозамороженные продукты

diepvriesvoedsel

нарезка

charcuterie

консервы

conserven

стиральный порошок

waspoeder

сладости

snoep

предмет домашнего обихода

huishoudproducten

моющее средство

schoonmaakproducten

продавщица

verkoopster

касса

kassa

кассир

kassier

список покупок

boodschappenlijstje

время работы

openingstijden

бумажник

portefeuille

кредитная карточка

kredietkaart

сумка

tas

полиэтиленовый пакет

plastieken zakje

вода

water

сок

sap

молоко

melk

кока-кола

cola

вино

wijn

пиво

bier

алкоголь

alcohol

какао

cacao

чай

thee

кофе

koffie

эспрессо

espresso

капучино

cappuccino

банан

banaan

яблоко

appel

апельсин

sinaasappel

арбуз

meloen

лимон

citroen

морковь

wortel

чеснок

knoflook

бамбук

bamboe

лук

ajuin

гриб

champignon

орехи

noten

лапша

noodles

спагетти

spaghetti

рис

rijst

салат

salade

картофель фри

frieten

жареный картофель

gebakken aardappelen

пицца

pizza

гамбургер

hamburger

сэндвич

sandwich

шницель

kalfslapje

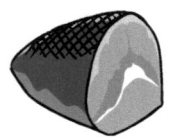

ветчина

ham

салями

salami

колбаса

worst

курица

kip

жаркое

braden

рыба

vis

овсяные хлопья

havervlokken

мюсли

muesli

кукурузные хлопья

cornflakes

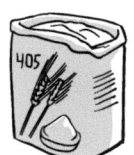

мука

bloem

круассан

croissant

булочка

pistolet

хлеб

brood

тост

toast

печенье

koekjes

масло

boter

творог

kwark

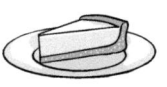

пирог

taart

яйцо

ei

яичница

spiegelei

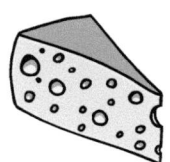

сыр

kaas

мороженое

ijs

сахар

suiker

мёд

honing

мармелад

confituur

крем с нугой

choco

карри

curry

ферма
boerderij

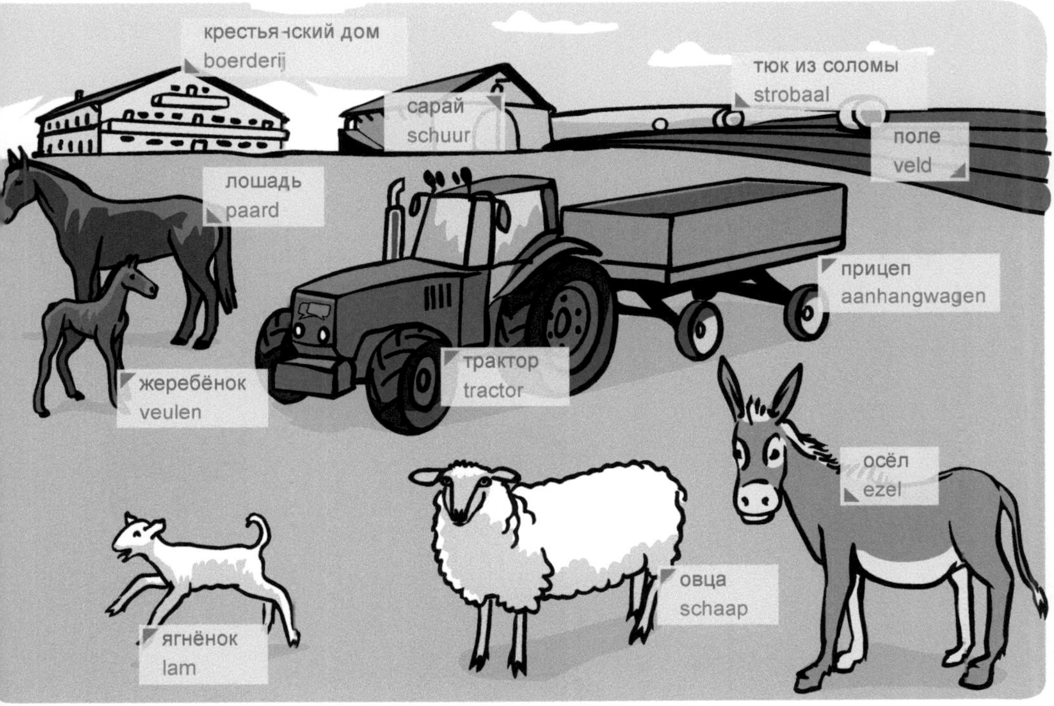
крестьянский дом
boerderij
сарай
schuur
тюк из соломы
strobaal
поле
veld
лошадь
paard
прицеп
aanhangwagen
трактор
tractor
жеребёнок
veulen
осёл
ezel
овца
schaap
ягнёнок
lam

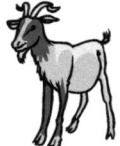

коза

geit

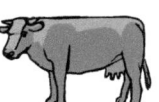

корова

koe

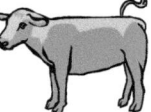

телёнок

kalf

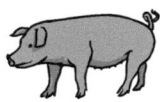

свинья

varken

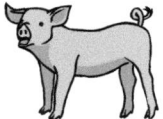

поросёнок

biggetje

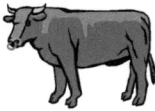

бык

stier

гусь

gans

утка

eend

цыплёнок

kuiken

курица

kip

петух

haan

крыса

rat

кошка

kat

мышь

muis

вол

os

собака

hond

конура

hondenhok

садовый шланг

tuinslang

лейка

gieter

коса

zeis

плуг

ploeg

серп

sikkel

мотыга

schoffel

навозные вилы

hooivork

топор

bijl

тачка

kruiwagen

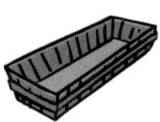

корыто

trog

бидон для молока

melkkan

мешок

zak

забор

hek

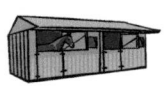

хлев

stal

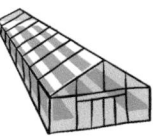

теплица

broeikas

почва

bodem

посев

zaad

удобрение

mest

комбайн

maaidorser

ферма - boerderij

собирать урожай

oogsten

урожай

oogst

ямс

yam

пшеница

tarwe

соя

soja

картофель

aardappel

кукуруза

maïs

рапс

koolzaad

фруктовое дерево

fruitboom

маниок

maniok

злаки

graan

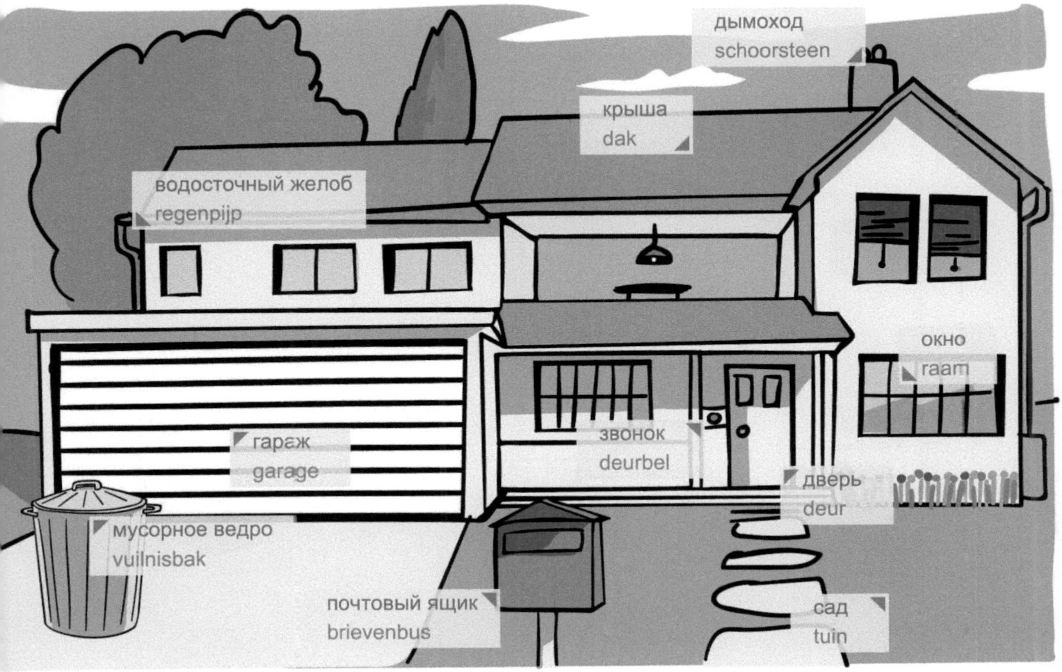

дымоход
schoorsteen

крыша
dak

водосточный желоб
regenpijp

окно
raam

гараж
garage

звонок
deurbel

дверь
deur

мусорное ведро
vuilnisbak

почтовый ящик
brievenbus

сад
tuin

гостиная
woonkamer

ванная комната
badkamer

кухня
keuken

спальня
slaapkamer

детская комната
kinderkamer

столовая
eetkamer

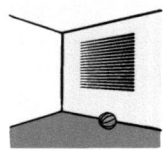

пол

vloer

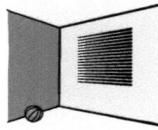

стена

muur

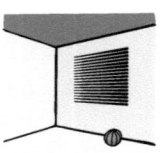

потолок

plafond

подвал

kelder

сауна

sauna

балкон

balkon

терраса

terras

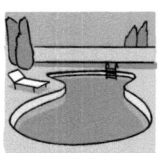

бассейн

zwembad

газонокосилка

grasmaaier

пододеяльник

dekbedovertrek

покрывало

dekbed

кровать

bed

метла

bezem

ведро

emmer

выключатель

schakelaar

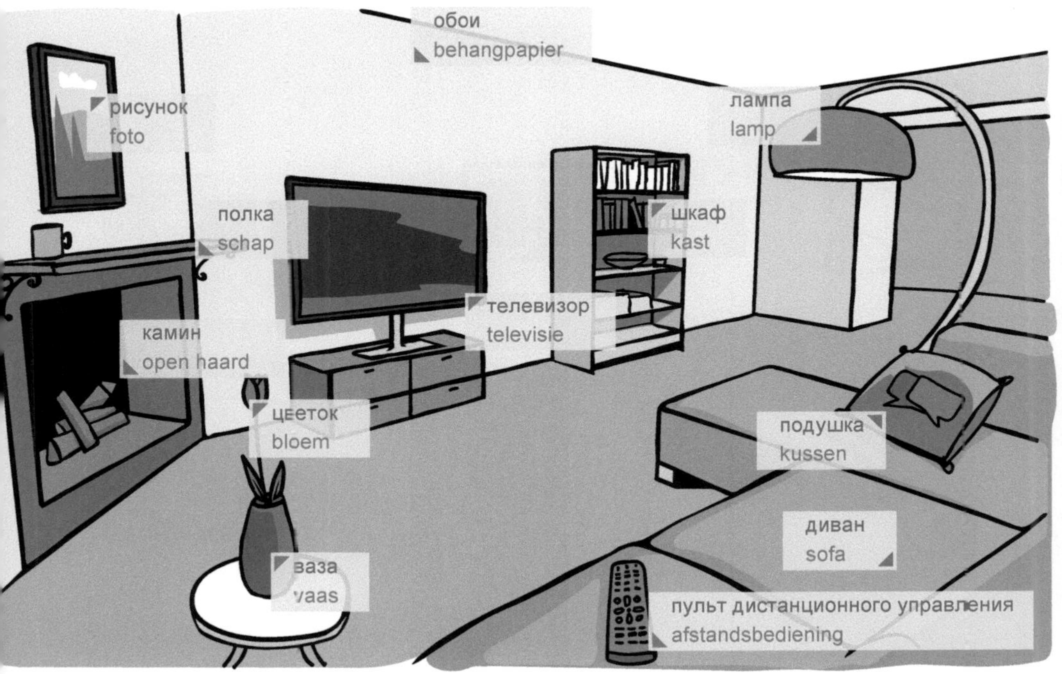

обои
behangpapier

рисунок
foto

лампа
lamp

полка
schap

шкаф
kast

камин
open haard

телевизор
televisie

цееток
bloem

подушка
kussen

ваза
vaas

диван
sofa

пульт дистанционного управления
afstandsbediening

ковёр
mat

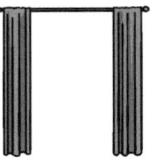

штора
gordijn

стол
tafel

стул
stoel

кресло-качалка
schommelstoel

кресло
fauteuil

книга

boek

покрывало

deken

украшение

decoratie

дрова

brandhout

фильм

film

стереосистема

stereo-installatie

ключ

sleutel

газета

krant

картина

schilderij

плакат

poster

радио

radio

блокнот

notitieboekje

пылесос

stofzuiger

кактус

cactus

свеча

kaars

кухня
keuken

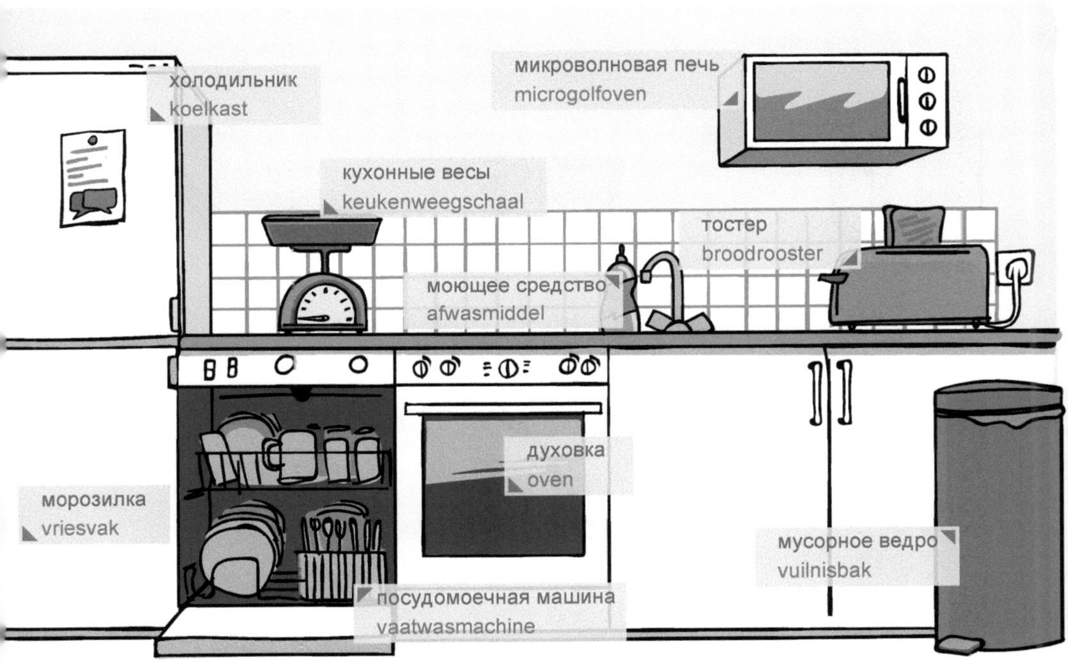

холодильник
koelkast
микроволновая печь
microgolfoven
кухонные весы
keukenweegschaal
тостер
broodrooster
моющее средство
afwasmiddel
духовка
oven
морозилка
vriesvak
мусорное ведро
vuilnisbak
посудомоечная машина
vaatwasmachine

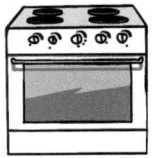

плита
....
fornuis

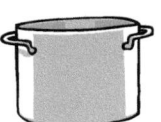

кастрюля
....
pot

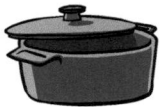

чугунный котелок
....
gietijzeren pot

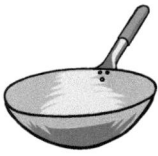

вок / кадай
....
wok / kadai

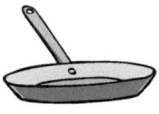

сковорода
....
pan

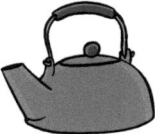

чайник
....
waterkoker

пароварка

stoomkoker

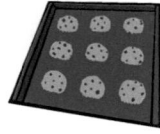

противень

bakplaat

посуда

servies

кружка

mok

миска

kom

палочки для еды

eetstokjes

половник

pollepel

лопатка

spatel

сбивалка

garde

сито

vergiet

сито

zeef

тёрка

rasp

ступка

mortier

гриль

barbecue

костёр

haardvuur

кухня - keuken

доска

snijplank

скалка

deegrol

штопор

kurkentrekker

жестяная банка

blik

консервный нож

blikopener

прихватка

pannenlap

раковина

gootsteen

щетка

borstel

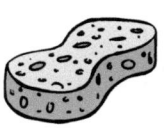

губка

spons

миксер

blender

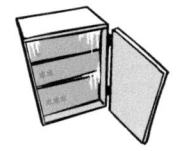

морозильная камера

vriezer

бутылочка для кормления

papfles

кран

kraan

ванная комната
badkamer

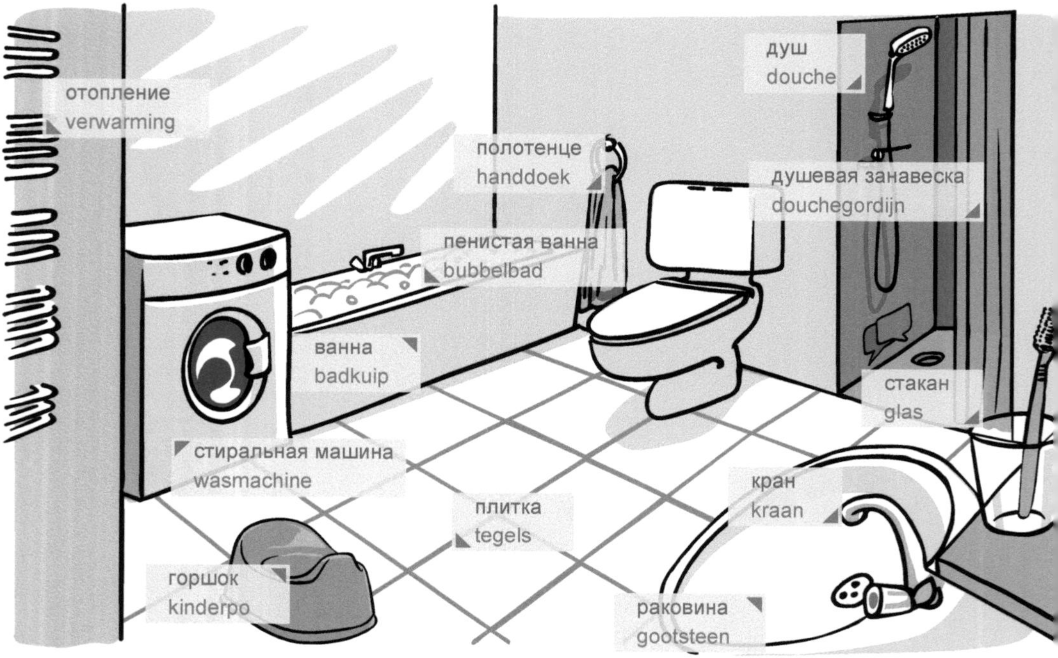
отопление
verwarming
полотенце
handdoek
душ
douche
душевая занавеска
douchegordijn
пенистая ванна
bubbelbad
ванна
badkuip
стакан
glas
стиральная машина
wasmachine
кран
kraan
плитка
tegels
горшок
kinderpo
раковина
gootsteen

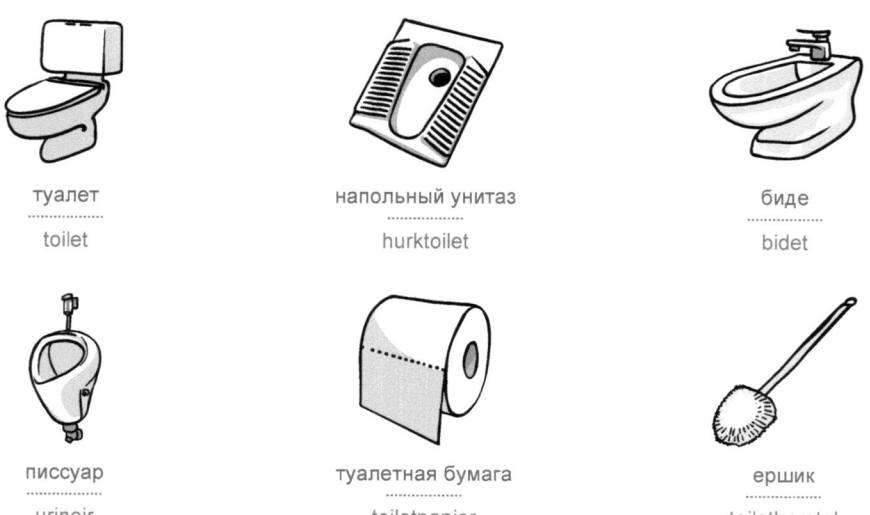

туалет

toilet

напольный унитаз

hurktoilet

биде

bidet

писсуар

urinoir

туалетная бумага

toiletpapier

ершик

toiletborstel

зубная щетка

tandenborstel

зубная паста

tandpasta

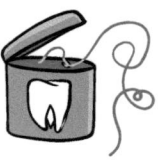

зубная нить

flosdraad

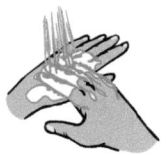

мыть

wassen

ручной душ

handdouche

интимный душ

bidethanddouche

таз

waskom

щетка для спины

rugborstel

мыло

zeep

гель для душа

douchegel

шампунь

shampoo

мочалка

washandje

сток

afvoer

крем

crème

дезодорант

deodorant

зеркало

spiegel

ручное зеркало

handspiegel

бритва

scheermes

пена для бритья

scheerschuim

лосьон после бритья

aftershave

расческа

kam

щетка

borstel

фен

haardroger

лак для волос

haarlak

косметика

make-up

губная помада

lippenstift

лак для ногтей

nagellak

вата

watten

маникюрные ножницы

nagelknipper

духи

parfum

косметичка

toilettas

табуретка

kruk

весы

weegschaal

халат

badjas

резиновые перчатки

latex handschoenen

тампон

tampon

гигиеническая прокладка

maandverband

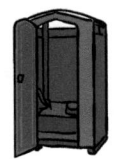

биотуалет

chemisch toilet

детская комната
kinderkamer

будильник
wekker
мягкая игрушка
knuffel
игрушечный автомобиль
speelgoedauto
погремушка
rammelaar
кукольный домик
poppenhuis
подарок
geschenk

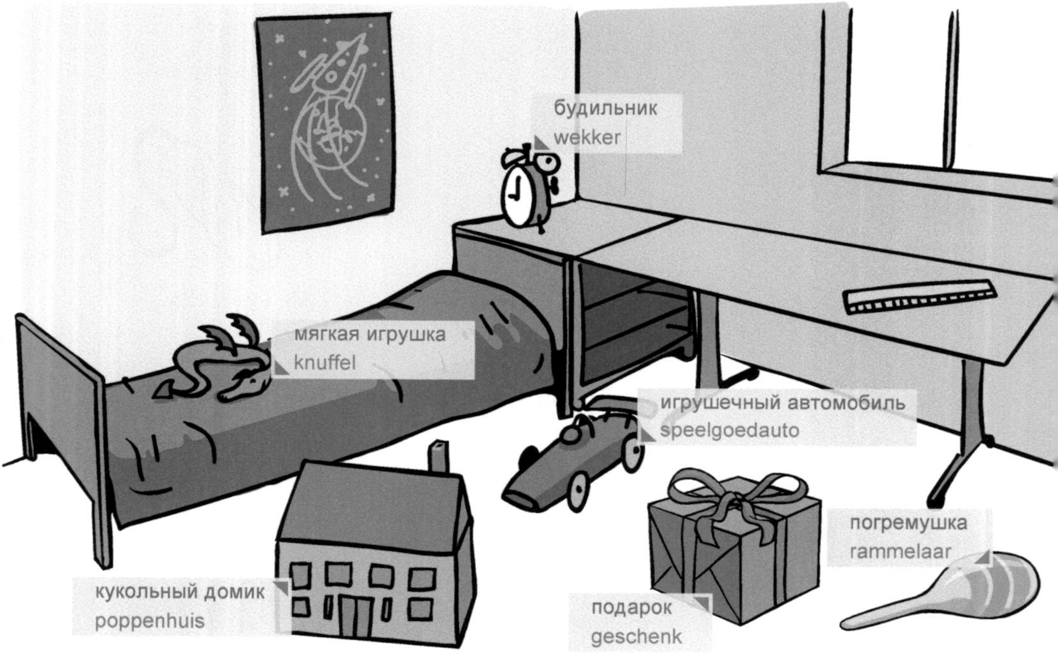

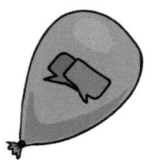

воздушный шар

ballon

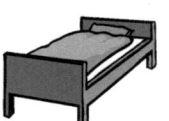

кровать

bed

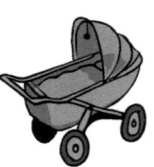

детская коляска

kinderwagen

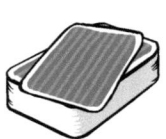

карточная игра

spel kaarten

пазл

puzzel

SUPER
MEGA

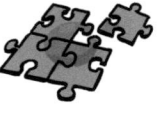

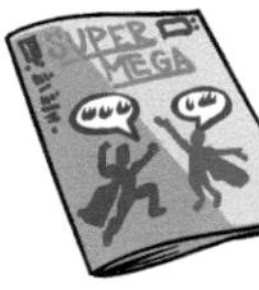

комикс

stripboek

кирпичики Лего

legoblokjes

кубики

blokken

игрушечная фигурка

actiefiguur

ползунки

kruippakje

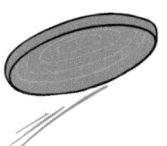

фрисби

frisbee

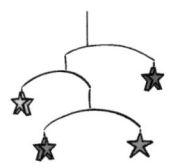

мобиле

mobiel

настольная игра

bordspel

кубик

dobbelsteen

модель железной дороги

modelspoorweg

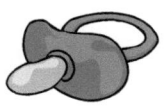

соска

fopspeen

вечеринка

feest

книга с картинками

prentenboek

мяч

bal

кукла

pop

играть

spelen

песочница

zandbak

качели

schommel

игрушка

speelgoed

игровая приставка

spelconsole

трёхколесный велосипед

driewieler

плюшевый медвежонок

knuffelbeer

шкаф для одежды

kleerkast

одежда

kleding

носки

sokken

чулки

kousen

колготки

maillot

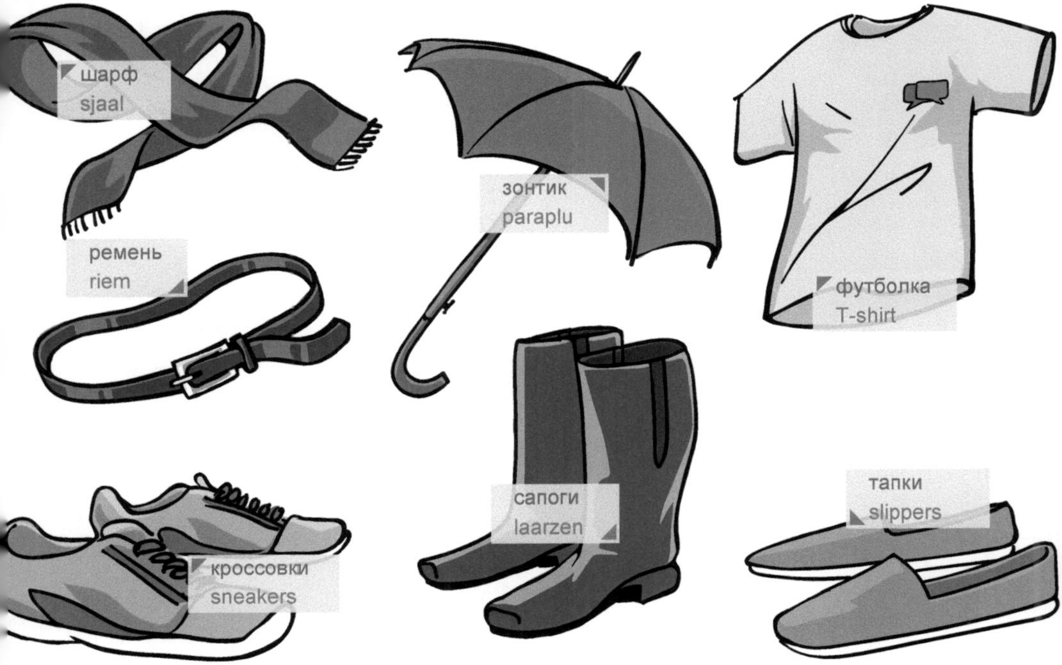

шарф
sjaal

зонтик
paraplu

ремень
riem

футболка
T-shirt

сапоги
laarzen

тапки
slippers

кроссовки
sneakers

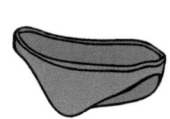

сандалии
....
sandalen

ботинки
....
schoenen

резиновые сапоги
....
rubberlaarzen

трусы
....
onderbroek

бюстгальтер
....
beha

майка
....
onderhemd

одежда - kleding

боди

lichaam

брюки

broek

джинсы

jeans

юбка

rok

блузка

blouse

рубашка

hemd

свитер

trui

свитер

capuchontrui

спортивная куртка

blazer

жакет

jas

пальто

jas

плащ

regenjas

костюм

kostuum

платье

jurk

свадебное платье

trouwjurk

одежда - kleding

мужской костюм

pak

ночная сорочка

nachthemd

пижама

pyjama

сари

sari

платок

hoofddoek

тюрбан

tulband

паранджа

boerka

кафтан

kaftan

абайя

abaya

купальник

badpak

плавки

zwembroek

шорты

short

спортивный костюм

trainingspak

фартук

schort

перчатки

handschoenen

одежда - kleding

пуговица

knoop

очки

bril

браслет

armband

цепочка

ketting

кольцо

ring

серьга

oorbel

шапка

pet

вешалка

kapstok

шляпа

hoed

галстук

das

застежка молния

rits

шлем

helm

подтяжки

bretellen

школьная форма

schooluniform

форма

uniform

детский нагрудник

slabbetje

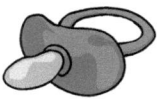

соска

fopspeen

подгузник

luier

офис
kantoor

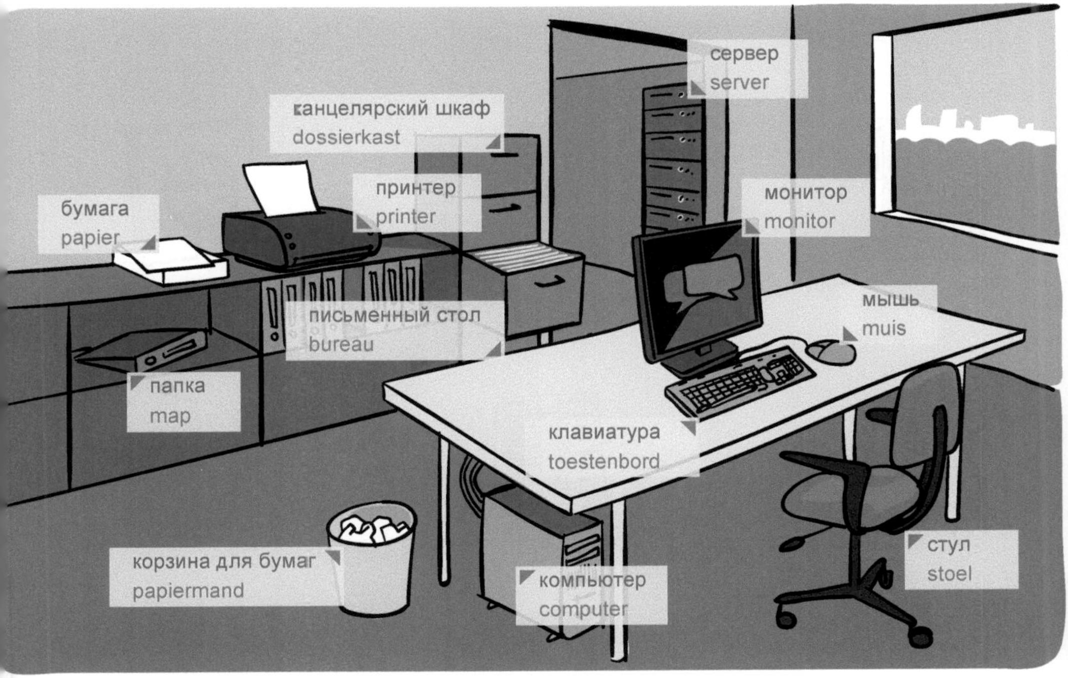

сервер
server

канцелярский шкаф
dossierkast

принтер
printer

монитор
monitor

бумага
papier

мышь
muis

письменный стол
bureau

папка
map

клавиатура
toestenbord

корзина для бумаг
papiermand

стул
stoel

компьютер
computer

кофейная кружка

koffiemok

калькулятор

rekenmachine

интернет

internet

ноутбук

laptop

письмо

brief

сообщение

bericht

мобильный телефон

gsm

сеть

netwerk

ксерокс

kopieerapparaat

программа

software

телефон

telefoon

розетка

stopcontact

факс

fax

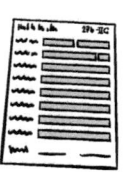

формуляр

formulier

документ

document

покупать

kopen

платить

betalen

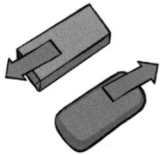

торговать

handelen

деньги

geld

доллар

dollar

евро

euro

иена

yen

рубль

roebel

франк

Zwitserse frank

жэньминьби юань

Chinese renminbi

рупия

roepie

банкомат

geldautomaat

пункт обмена валюты

wisselkantoor

золото

goud

серебро

zilver

нефть

olie

энергия

energie

цена

prijs

договор

contract

налог

belasting

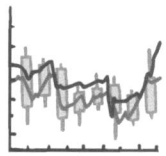

акция

aandeel

работать

werken

служащий

werknemer

работодатель

werkgever

фабрика

fabriek

магазин

winkel

профессии

beroepen

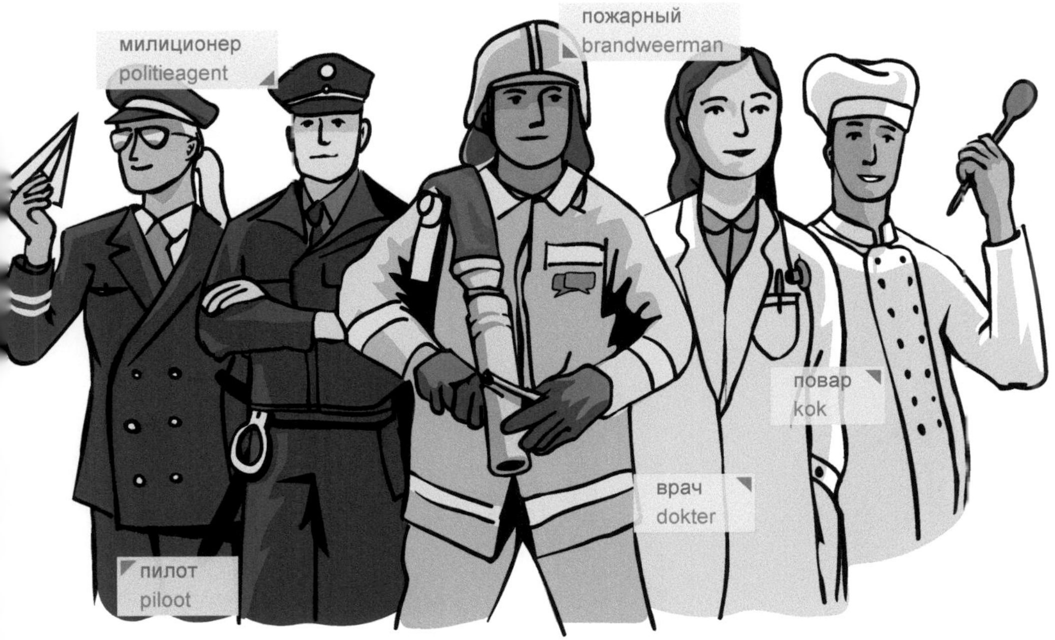
милиционер
politieagent
пожарный
brandweerman
повар
kok
врач
dokter
пилот
piloot

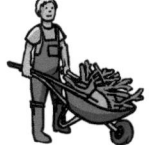

садовник

tuinman

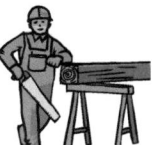

столяр

timmerman

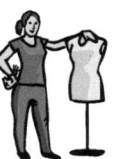

швея

naaister

судья

rechter

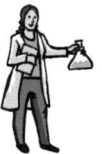

химик

chemicus

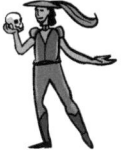

актёр

acteur

водитель автобуса

buschauffeur

таксист

taxichauffeur

рыбак

visser

уборщица

schoonmaakster

кровельщик

dakdekker

официант

ober

охотник

jager

художник

schilder

пекарь

bakker

электрик

elektricien

строитель

bouwvakker

инженер

ingenieur

мясник

slager

сантехник

loodgieter

почтальон

postbode

солдат

soldaat

архитектор

architect

кассир

kassier

флорист

bloemist

парикмахер

kapper

кондуктор

conducteur

механик

mecanicien

капитан

kapitein

зубной врач

tandarts

ученый

wetenschapper

раввин

rabbijn

имам

imam

монах

monnik

священник

geestelijke

инструменты

werktuigen

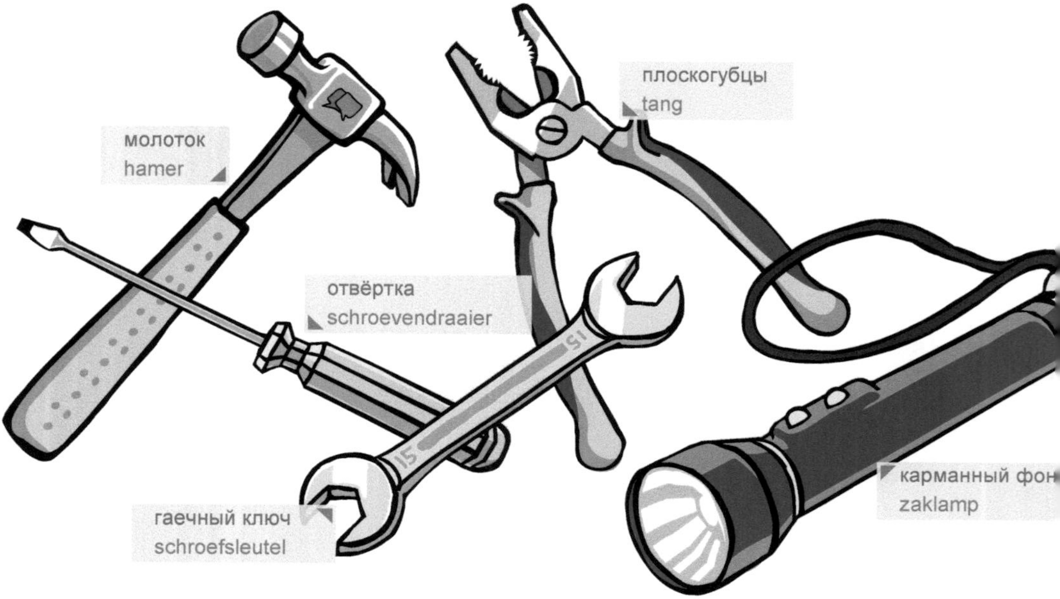
плоскогубцы
tang
молоток
hamer
отвёртка
schroevendraaier
карманный фон
zaklamp
гаечный ключ
schroefsleutel

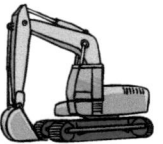

экскаватор

graafmachine

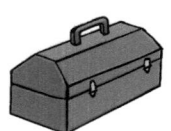

ящик для инструментов

gereedschapskoffer

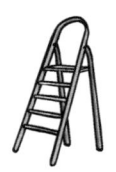

стремянка

ladder

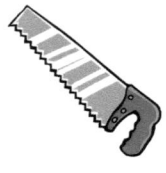

пила

zaag

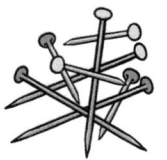

гвозди

spijkers

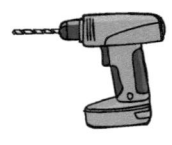

дрель

boormachine

ремонтировать

repareren

лопата

schop

Блин!

Verdomme!

совок

blik

ведро с краской

verfpot

винты

schroeven

музыкальные инструменты
muziekinstrumenten

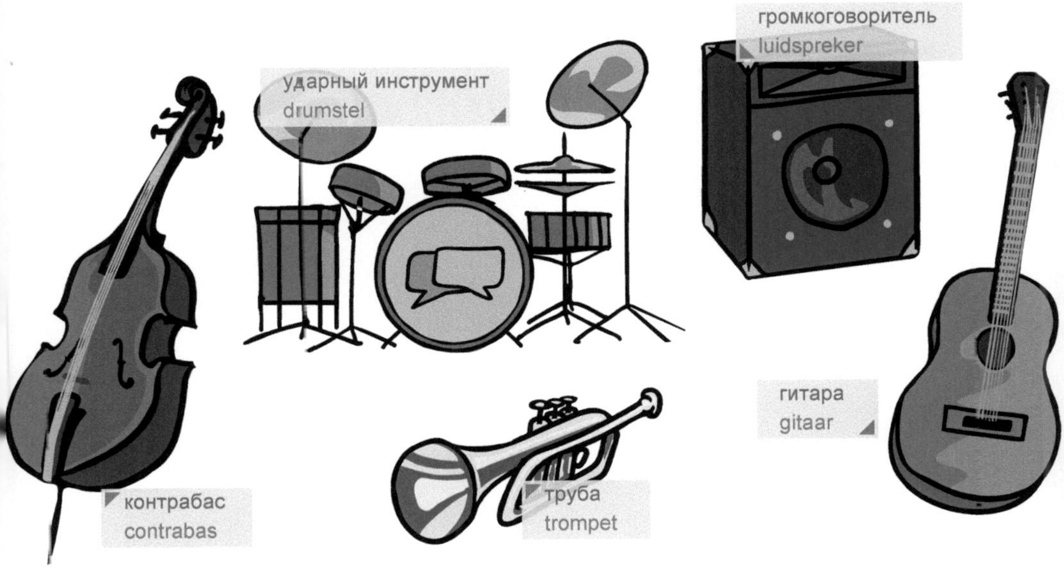

громкоговоритель
luidspreker

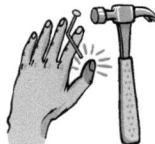

ударный инструмент
drumstel

гитара
gitaar

контрабас
contrabas

труба
trompet

пианино

piano

скрипка

viool

бас-гитара

basgitaar

литавры

pauk

барабан

trommels

синтезатор

keyboard

саксофон

saxofoon

флейта

fluit

микрофон

microfoon

зоопарк

zoo

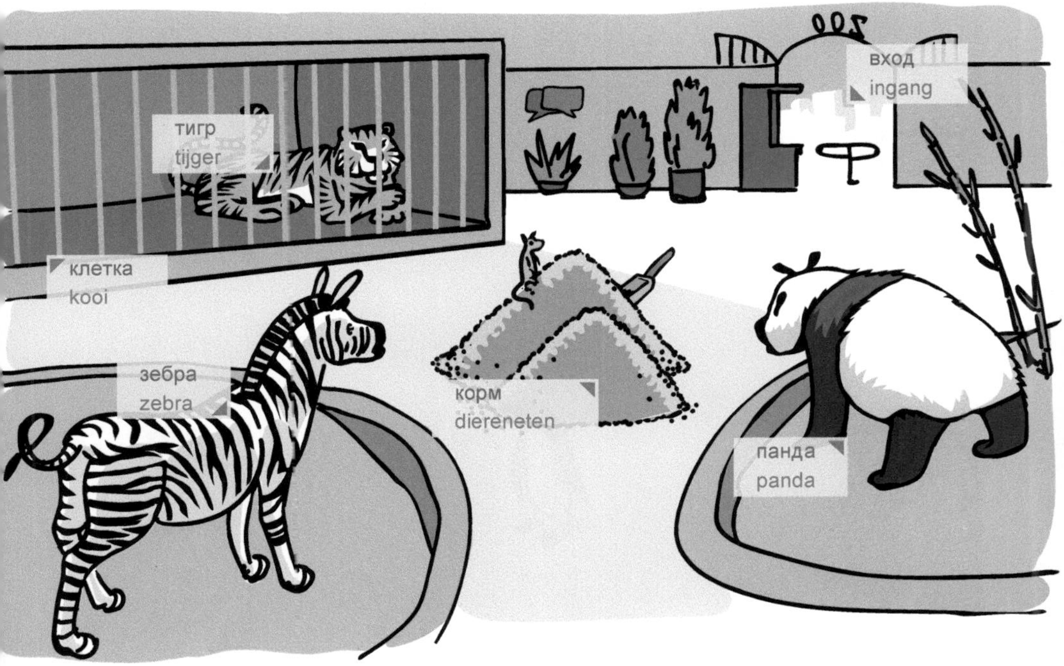

тигр
tijger
вход
ingang
клетка
kooi
зебра
zebra
корм
diereneten
панда
panda

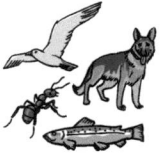

животные

dieren

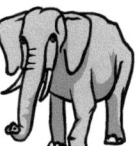

слон

olifant

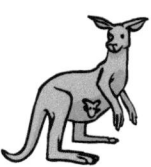

кенгуру

kangoeroe

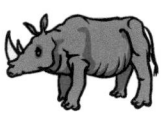

носорог

neushoorn

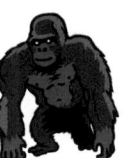

горилла

gorilla

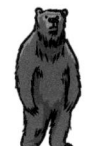

медведь

beer

верблюд

kameel

страус

struisvogel

лев

leeuw

обезьяна

aap

фламинго

flamingo

попугай

papegaai

белый медведь

ijsbeer

пингвин

pinguïn

акула

haai

павлин

pauw

змея

slang

крокодил

krokodil

служитель зоопарка

dierenverzorger

тюлень

zeehond

ягуар

jaguar

пони
pony

леопард
luipaard

бегемот
nijlpaard

жираф
giraffe

орёл
adelaar

кабан
wild zwijn

рыба
vis

черепаха
zeeschildpad

морж
walrus

лиса
vos

газель
gazelle

американский футбол
rugby

езда на велосипеде
wielrennen

теннис
tennis

баскетбол
basketbal

плавание
zwemmen

бокс
boksen

хоккей
ijshockey

футбол
voetbal

бадминтон
badminton

лёгкая атлетика
atletiek

гандбол
handbal

лыжный спорт
skiën

поло
polo

действия
activiteiten

смеяться
lachen
прыгать
springen
обнимать
knuffelen
идти
wandeler
петь
zingen
мечтать
dromer
молиться
bidden
целовать
kussen

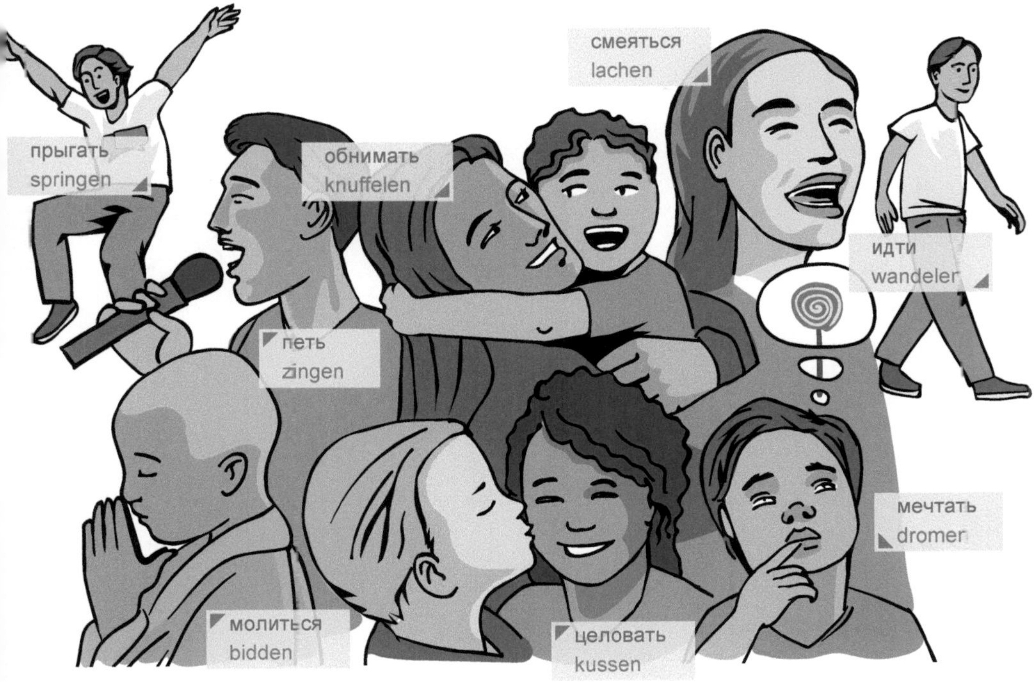

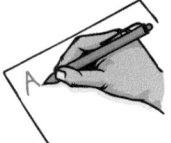

писать

schrijven

рисовать

tekenen

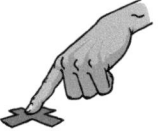

показывать

tonen

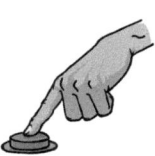

нажимать

duwen

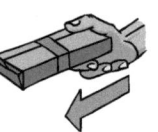

давать

geven

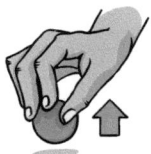

брать

nemen

иметь

hebben

делать

doen

быть

zijn

стоять

staan

бежать

lopen

тянуть

trekken

бросать

gooien

падать

vallen

лежать

liggen

ждать

wachten

носить

dragen

сидеть

zitten

надевать

aankleden

спать

slapen

просыпаться

ontwaken

действия - activiteiten

рассматривать

kijken naar

плакать

wenen

гладить

aaien

причесывать

kammen

говорить

praten

понимать

begrijpen

спрашивать

vragen

слушать

luisteren

пить

drinken

кушать

eten

наводить порядок

opruimen

любить

houden van

готовить

koken

ехать

rijden

летать

vliegen

ходить под парусом

zeilen

считать

rekenen

читать

Lezen

учиться

leren

работать

werken

вступать в брак

trouwen

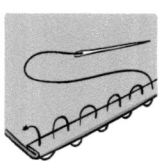

шить

naaien

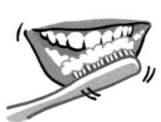

чистить зубы

tandenpoetsen

убивать

doden

курить

roken

отправлять

sturen

семья
familie

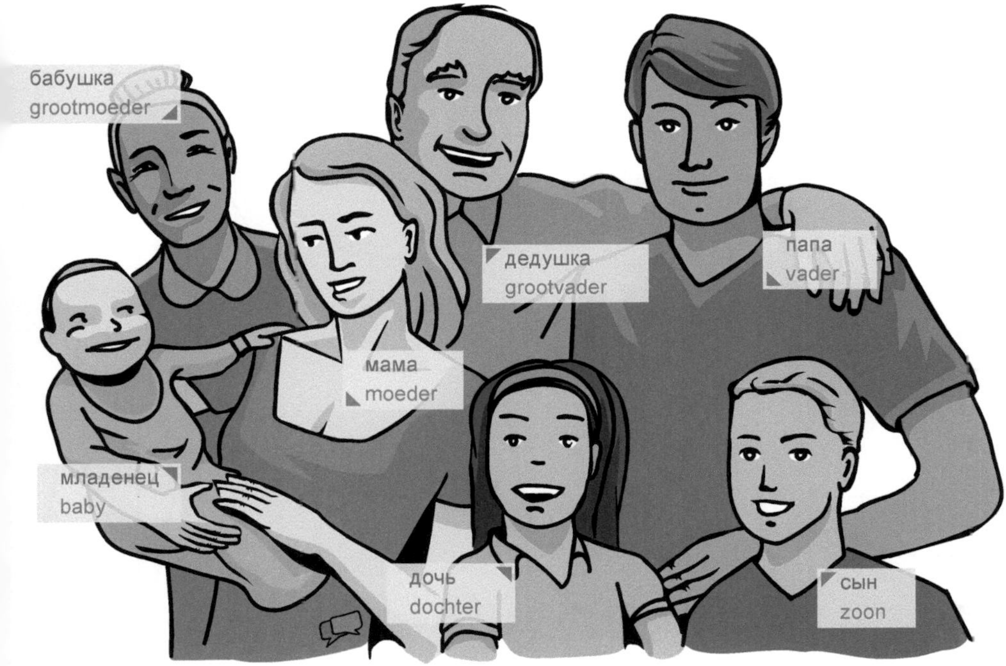
бабушка
grootmoeder
дедушка
grootvader
папа
vader
мама
moeder
младенец
baby
дочь
dochter
сын
zoon

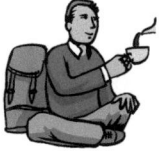

гость
gast

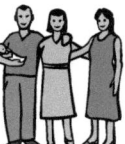

тетя
tante

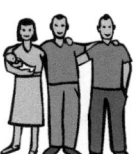

дядя
oom

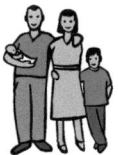

брат
broer

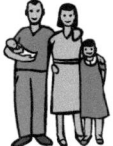

сестра
zus

тело
lichaam

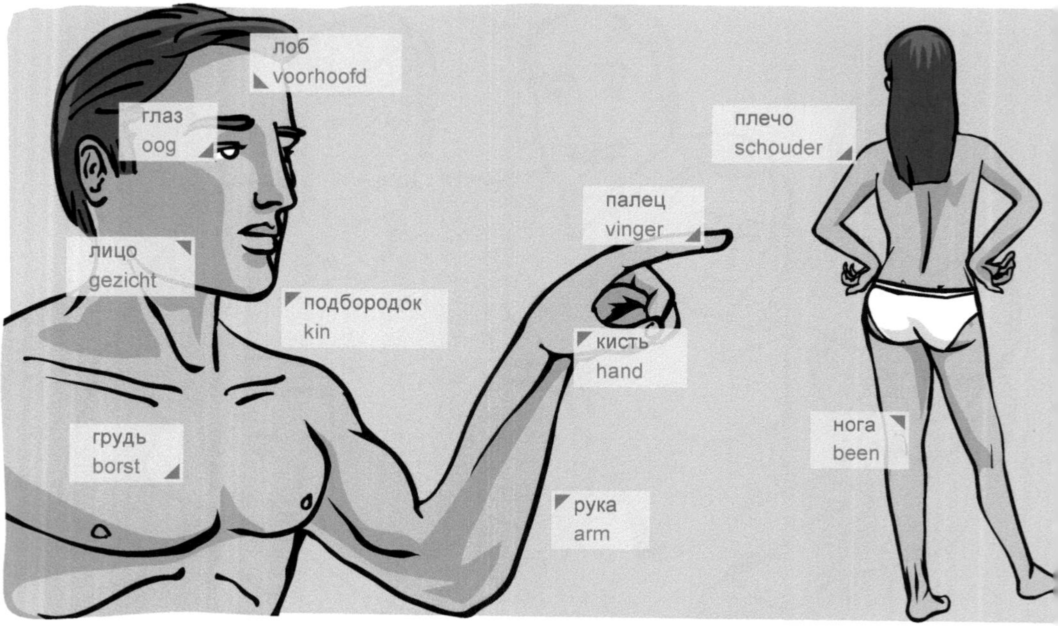

лоб
voorhoofd
глаз
oog
плечо
schouder
палец
vinger
лицо
gezicht
подбородок
kin
кисть
hand
грудь
borst
нога
been
рука
arm

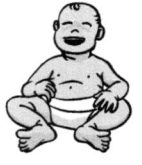

младенец

baby

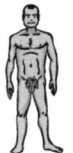

мужчина

man

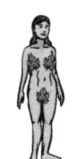

женщина

vrouw

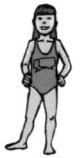

девочка

meisje

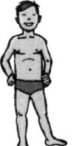

мальчик

jongen

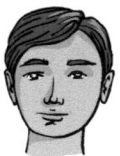

голова

hoofd

спина

rug

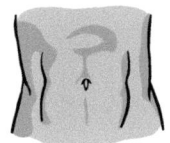

живот

buik

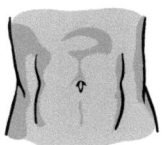

пупок

navel

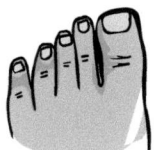

палец ноги

teen

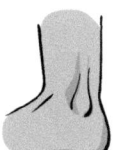

пятка

hiel

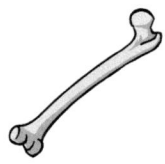

кость

bot

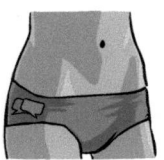

бедро

heup

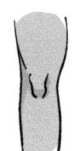

колено

knie

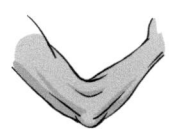

локоть

elleboog

нос

neus

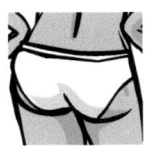

ягодицы

zitvlak

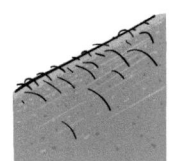

кожа

huid

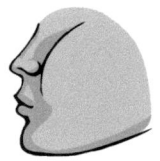

щека

wang

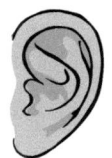

ухо

oor

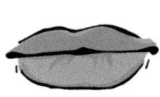

губа

lip

рот

mond

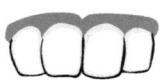

зуб

tand

язык

tong

мозг

hersenen

сердце

hart

мышца

spier

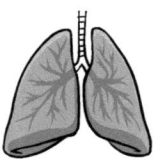

лёгкое

long

печень

lever

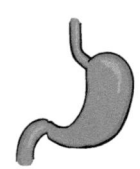

желудок

maag

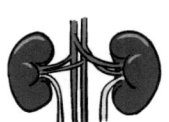

почки

nieren

половой акт

seks

презерватив

condoom

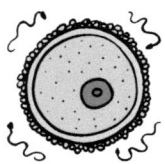

яйцеклетка

eicel

сперма

sperma

беременность

zwangerschap

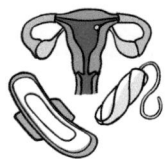

менструация

menstruatie

вагина

vagina

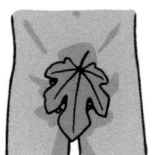

пенис

penis

бровь

wenkbrauw

волосы

haar

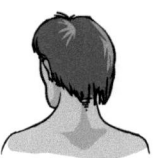

шея

nek

больница
ziekenhuis

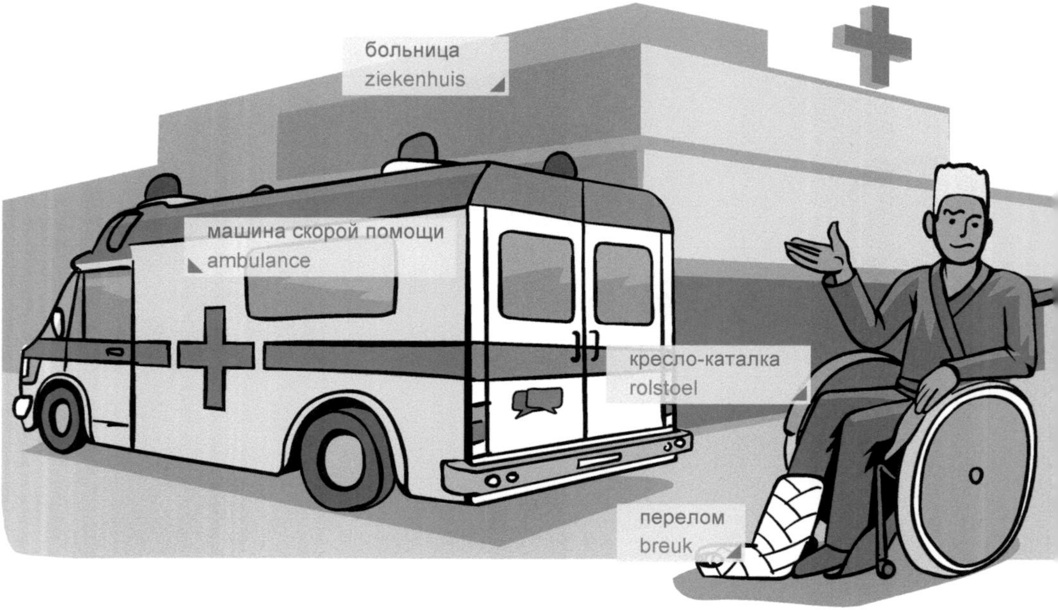

больница
ziekenhuis
машина скорой помощи
ambulance
кресло-каталка
rolstoel
перелом
breuk

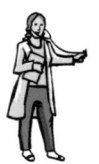

врач

dokter

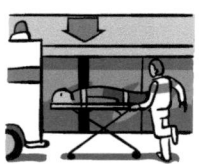

пункт первой помощи

spoed

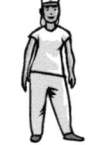

медсестра

verpleegkundige

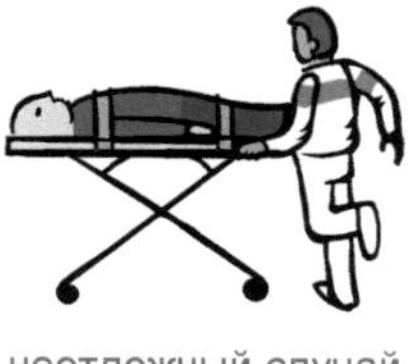

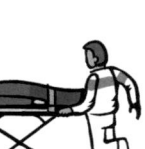

неотложный случай

noodgeval

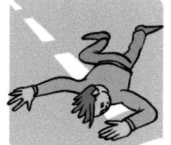

без сознания

bewusteloos

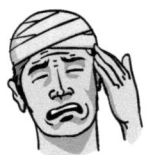

боль

pijn

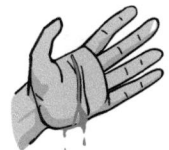

повреждение

verwonding

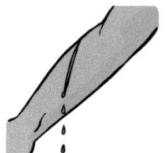

кровотечение

bloeding

инфаркт

hartaanval

инсульт

beroerte

аллергия

allergie

кашель

hoest

повышенная температура

koorts

грипп

griep

понос

diarree

головная боль

hoofdpijn

рак

kanker

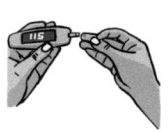

диабет

diabetes

хирург

chirurg

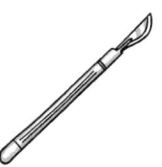

скальпель

scalpel

операция

operatie

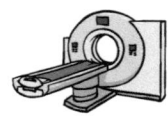

КТ

CT

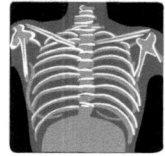

рентген

röntgenstraal

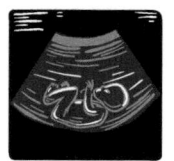

ультразвук

ultrageluid

маска

gezichtsmasker

болезнь

ziekte

приёмная

wachtkamer

костыль

kruk

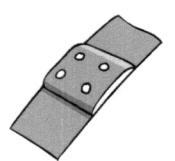

пластырь

pleister

бинт

verband

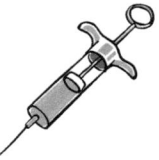

укол

injectie

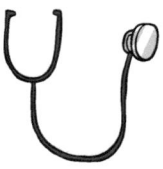

стетоскоп

stethoscoop

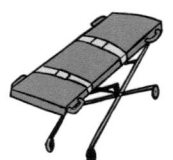

носилки

brancard

термометр

thermometer

рождение

geboorte

избыточный вес

overgewicht

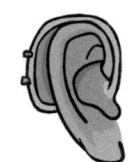

слуховой аппарат

hoorapparaat

дезинфекционное средство

ontsmettingsmiddel

инфекция

infectie

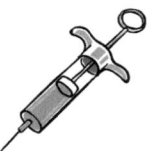

вирус

virus

ВИЧ / СПИД

HIV / AIDS

лекарство

medicijn

прививка

vaccinatie

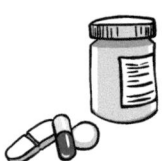

таблетки

tabletten

противозачаточная таблетка

pil

экстренный вызов

noodoproep

прибор для измерения кровяного давления

bloeddrukmeter

больной / здоровый

ziek / gezond

больница - ziekenhuis

Помогите!

Help!

нападение

overval

атака

aanval

опасность

gevaar

запасной выход

nooduitgang

сигнал тревоги

alarm

огнетушитель

brandblusser

несчастный случай

ongeval

Пожар!

Brand!

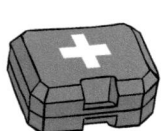

аптечка

EHBO-kit

SOS

SOS

милиция

politie

Европа

Europa

Северная Америка

Noord-Amerika

Южная Америка

Zuid-Amerika

Африка

Afrika

Азия

Azië

Австралия

Australië

Атлантический океан

Atlantische Oceaan

Тихий океан

Stille Oceaan

Индийский океан

Indische Oceaan

Антарктический океан

Antarctische Oceaan

Северный Ледовитый
океан

Arctische Oceaan

Северный полюс

Noordpool

Южный полюс

Zuidpool

Антарктика

Antarctica

земля

aarde

суша

land

море

zee

остров

eiland

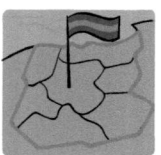

нация

natie

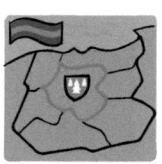

государство

staat

циферблат

wijzerplaat

часовая стрелка

uurwijzer

минутная стрелка

minuutwijzer

секундная стрелка

secondewijzer

Который час?

Hoe laat is het?

день

dag

время

tijd

сейчас

nu

электронные часы

digitale horloge

минута

minuut

час

uur

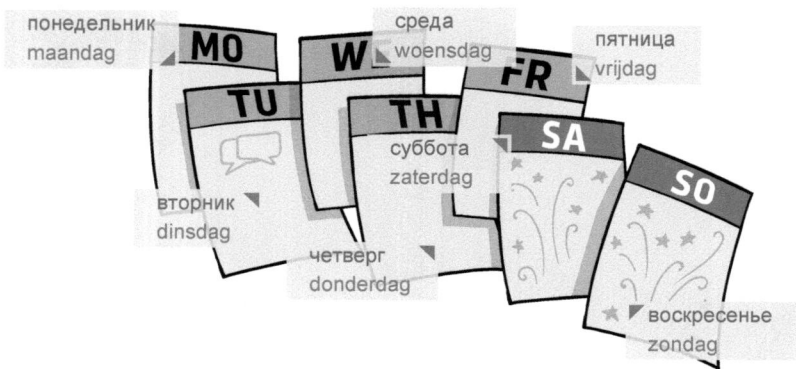

понедельник — maandag
среда — woensdag
пятница — vrijdag
вторник — dinsdag
четверг — donderdag
суббота — zaterdag
воскресенье — zondag

вчера

gisteren

сегодня

vandaag

завтра

morgen

утро

ochtend

полдень

middag

вечер

avond

MO	TU	WE	TH	FR	SA	SU
1	2	3	4	5	6	7
8	9	10	11	12	13	14
15	16	17	18	19	20	21
22	23	24	25	26	27	28
29	30	31	1	2	3	4

рабочие дни

werkdagen

MO	TU	WE	TH	FR	SA	SU
1	2	3	4	5	6	7
8	9	10	11	12	13	14
15	16	17	18	19	20	21
22	23	24	25	26	27	28
29	30	31	1	2	3	4

выходные

weekend

дождь
regen

радуга
regenboog

ветер
wind

снег
sneeuw

весна
lente

осень
herfst

лето
zomer

зима
winter

4.APRIL	11°	☀
5.APRIL	4°	☁
6.APRIL	13°	☁
7.APRIL	8°	☀
8.APRIL	10°	☀

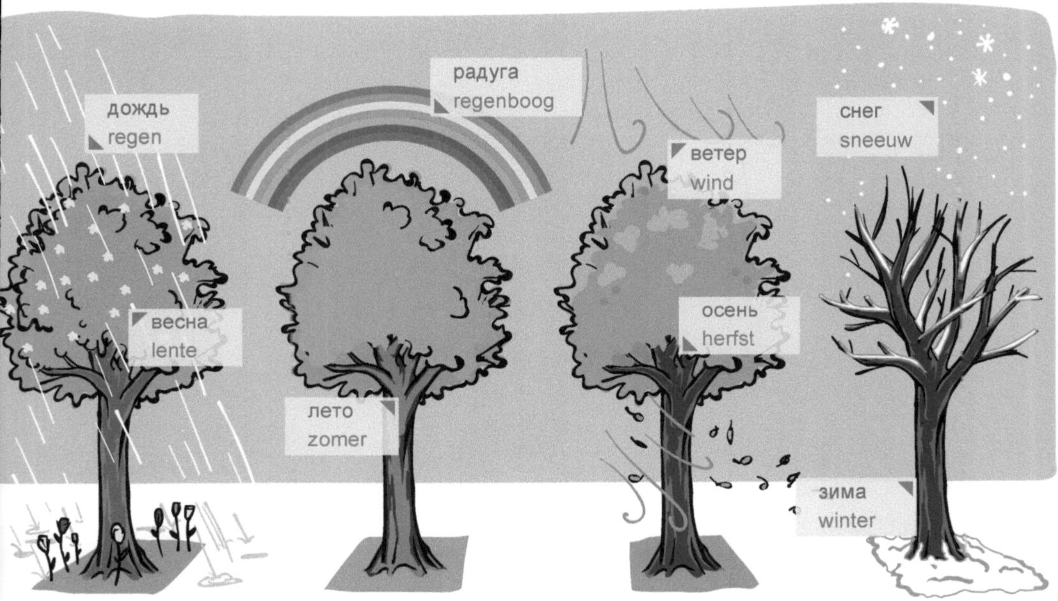

прогноз погоды
....
weervoorspelling

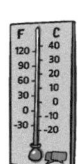

термометр
....
thermometer

солнечный свет
....
zonneschijn

туча
....
wolk

туман
....
mist

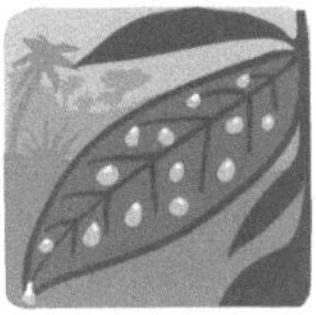

влажность воздуха
....
vochtigheid

молния

bliksem

гром

donder

буря

storm

град

hagel

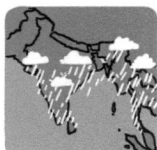

муссон

moesson

наводнение

overstroming

лёд

ijs

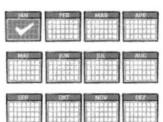

январь

januari

февраль

februari

март

maart

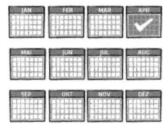

апрель

april

май

mei

июнь

juni

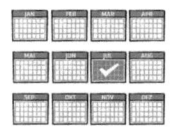

июль

juli

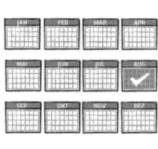

август

augustus

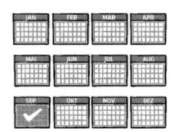

сентябрь

september

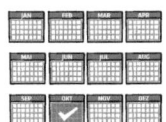

октябрь

oktober

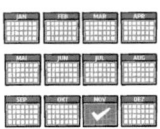

ноябрь

november

декабрь

december

формы

vormen

круг

cirkel

квадрат

kwadraat

прямоугольник

rechthoek

треугольник

driehoek

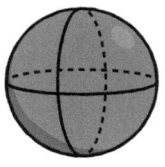

шар

bol

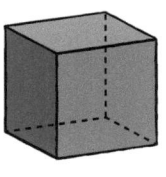

куб

kubus

белый

wit

желтый

geel

оранжевый

oranje

розовый

roze

красный

rood

лиловый

paars

синий

blauw

зелёный

groen

коричневый

bruin

серый

grijs

черный

zwart

много / мало

veel / weinig

яростный / мирный

boos / kalm

красивый / уродливый

mooi / lelijk

начало / конец

begin / einde

большой / маленький

groot / klein

светлый / темный

licht / donker

брат / сестра

broer / zus

чистый / грязный

proper / vuil

полный / неполный

volledig / onvolledig

день / ночь

dag / nacht

мёртвый / живой

dood / levend

широкий / узкий

breed / smal

съедобный / несъедобный

eetbaar / oneetbaar

злой / дружелюбный

kwaadaardig / vriendelijk

взволнованный / скучающий

opgewonden / verveeld

толстый / худой

dik / dun

сначала / в конце

eerst / laatst

друг / враг

vriend / vijand

полный / пустой

vol / leeg

твёрдый / мягкий

hard / zacht

тяжёлый / легкий

zwaar / licht

голод / жажда

honger / dorst

больной / здоровый

ziek / gezond

незаконный / законный

illegaal / legaal

умный / глупый

intelligent / dom

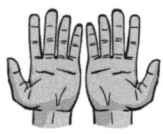

слева / справа

links / rechts

близко / далеко

dichtbij / veraf

новый / подержанный

nieuw / gebruikt

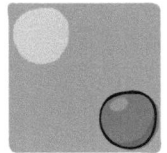

ничто / нечто

niets / iets

старый / молодой

oud / jong

включено / выключено

aan / uit

открыто / закрыто

open / dicht

тихо / громко

stil / luid

богатый / бедный

rijk / arm

правильный /
неправильный
juist / fout

шероховатый / гладкий

ruw / glad

печальный / счастливый

droevig / blij

короткий / длинный

kort / lang

медленный / быстрый

traag / snel

мокрый / сухой

nat / droog

тёплый / прохладный

warm / koud

война / мир

oorlog / vrede

0

ноль

nul

1

один

één

2

два

twee

3

три

drie

4

четыре

vier

5

пять

vijf

6

шесть

zes

7

семь

zeven

8

восемь

acht

9

девять

negen

10

десять

tien

11

одиннадцать

elf

12

двенадцать
twaalf

13

тринадцать
dertien

14

четырнадцать
veertien

15

пятнадцать
vijftien

16

шестнадцать
zestien

17

семнадцать
zeventien

18

восемнадцать
achtien

19

девятнадцать
negentien

20

двадцать
twintig

100

сто
honderd

1.000

тысяча
duizend

1.000.000

миллион
miljoen

английский

Engels

американский английский

Amerikaans Engels

мандаринский китайский

Chinees (Mandarijn)

хинди

Hindi

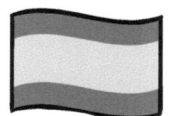

испанский

Spaans

французский

Frans

арабский

Arabisch

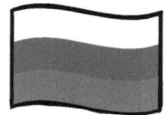

русский

Russisch

португальский

Portugees

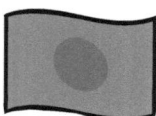

бенгальский

Bengali

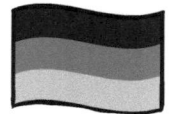

немецкий

Duits

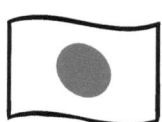

японский

Japans

я
ik

ты
u

он / она / оно
hij / zij / het

мы
wij

вы
u

они
ze

кто?
wie?

что?
wat?

как?
hoe?

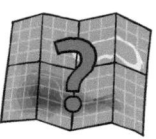

где?
waar?

когда?
wanneer?

HELLO, I AM

имя
naam

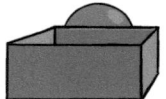

за
....
achter

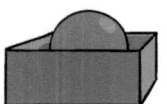

в
....
in

перед
....
voor

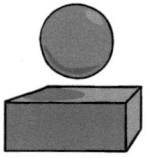

над
....
boven

на
....
op

под
....
onder

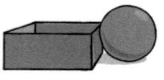

рядом
....
naast

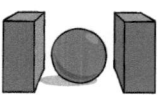

между
....
tussen

место
....
plaats